AF406810

Hojas de abril
Poemas

Diego Fortunato

HOJAS DE ABRIL

Poemas

PDR
editores

PDReditores
Calle Los oficios, 103
Barcelona-España
Todos los derechos reservados©2022 Copyright

Al amor, porque da vida a las palabras.

UNA GOTA

Una gota,
simplemente una,
servirá
para iluminar
mi vida.

Una gota
rociada de amor
es la ternura
que me arrebatará
de la locura.

Una gota,
sólo eso pido,
no tú piel,
ni un beso
de terciopelo.

Una gota,
sangre mía,
te la entrego,
aunque el puñal
claves en la espina.

Una gota,
mujer vivaz,
que apague
el lamento
de mí sombra fugaz.

Una gota,
un Ave María,
una mirada al cielo
y te entrego
el alma mía.

SI FUESE UN INSTANTE

Si fuese un instante,
y ese instante fuese ya,
dibujaría un mundo mejor,
lleno de alegría y paz.
Hermosas y risueñas
golondrinas vestidas
de amor esparcirían
por el sendero del infinito
un himno inmaculado
con olor a jazmín.
Sentado en el borde
del tiempo escucharía
como niño embelesado su canto
de quietud y hermandad.

Si fuese un instante,
y ese instante fuese ya,
cincelaría en el espacio infinito
una estatua de bondad eterna
sobre pétalos de rosa
y perfumados océanos de miel.

Si fuese un instante,
y ese instante fuese ya,
cabalgaría sobre corceles
de vida para derrotar
al hambre voraz
que como peste maldita
mutila y silencia la vida.

Si fuese un instante,
y ese instante fuese ya,
con lágrimas de júbilo
besaría al prójimo mío
y bendito por ser parte
y sueño de la vida mía.

Si fuese un instante,
y ese instante fuese ya,
rogaría a los cielos
por la armonía y la amistad
de todos los seres
del universo inmortal.

Si fuese un instante,
y ese instante fuese ya,
tejería sueños de libertad
sobre montes y praderas,
lagos, mares y ríos
para que en la tierra toda
germinen profundos
sueños de fraternidad.

Si fuese un instante,
si ese instante fuese ya,
abrazaría a toda la humanidad
y con susurro de querubines
le cantaría al oído
"¡Te amo por existir,
tanto como Dios
nos ama a todos por vivir!

LA VIDA ES SUSPIRO

Estar vivo es suspirar
sentir el aliento del aire
galopando en las veredas del alma.
Ver pincelar el arco iris del amor
en los paisajes de la vida
donde los sueños navegan
y la fantasía se vuelve realidad.

No hay vida sin sueños
ni amor sin pasión.
Un suspiro es el aliento
de la golondrina que aloja su nido
en tejado curtido de afectos
sobre la historia del tiempo.

El suspiro es el milagro,
el ángel, el mensajero
glorioso que nos recuerda
que la vida es quimera
y las glorias perecederas.

Atrapa los suspiros
las hojas de otoño
antes que inicien vuelo
sobre lágrimas de olvido.

La vida es suspiro.
Saborea sus mieles
adorna sus primaveras
y sube a los briosos corceles

que dichosos relinchan
en las floridas praderas
del vientre bendito de la tierra
que no da amor y cobijo.

LA LOCA Y LA LUNA

Era como un poema
escrito en la mañana.
Piel tersa,
tez de porcelana,
pechos de mujer amada.

Algunos decían
que estaba loca,
pero no tanto
como al que la pasión
y amor turba.

Sus ojos, brillo
de centellas,
iluminaban
y encendían el día.

Cada brizna
de su cabello
era flama de oro.

Sus labios,
carnosos
y voluptuosos,
preñaban los sentidos.

Era ella, la única,
la del mimo,
la bienquerida,
la amada mía.

Pero vino
la luna-luna
y encendió la llanura,
de copos y locura.

De aquella
imagen de mujer
venerada no quedó nada.

Fue la luna,
mágica e ignota,
que la volvió loca.

¡Ay luna-luna!,
qué le has hecho
a la hembra moruna,
porqué le robaste la cordura.

¡Ay luna-luna!,
¿Dónde te las has llevado
si aún no la he amado?

¡Ay luna-luna,
profanaste la cosecha,
pero los recuerdos
reposan en la primavera.

¡Ay, luna-luna!... ¡Ay!
Te llevaste a la loca mía!...
¡Ay, luna-luna!... ¡Luna!

SUEÑOS ROTOS

Como fantasmas
los veo deambular
desde mi ventana
todas las mañanas.

Unos corren altivos
con la esperanza
teñida de ilusión
dibujada en sus rostros.
Otros cabizbajos
y pensativos.
Otros tan
apesadumbrados
que parecen
cargar un mundo
de penurias
en sus hombros.
Unos van tristes,
otros preocupados.
Algunos van
desvariando,
otros cantando.
Los hay
de los que van
riendo,
otros llorando.
Se ven
rostros opacos,
otros brillantes.
Los hay

con energía
y también
sin fuerzas.
Los hay
con cara
de hambre
y los hay
satisfechos.
Pero todos corren…

Los más jóvenes
llevan un cántaro
de sueños
y alegría
en sus mochilas.
Caminan tan
apresurados
que semejan
pájaros volar tras
sus fantasías
sin saber
que muchos
nunca alcanzarán
el nido.
La vida
no está hecha
de quimeras
sino de realidades.
Pero corren…
Corren mucho.
Unos a pasos cortos
otros en largas zancadas.

Algunos parecen
liebres perdidas
en el prado de la vida.
Otras marionetas
zigzagueantes.
Unos van
al norte.
Otros al sur.
Algunos al este
y también
los hay rumbo
al oeste.

Corren… Todos corren…
Algunas mujeres
marchan al redoble
de sus tacones.
Otras en el silencio mudo
de sus zapatos de goma.
Pero todos corren… Corren.
Hasta los niños
que van al colegio
corren de la mano
de sus madres.
Y los más bebés
también corren
en sus coches
y calesitas empujadas
por sus progenitores,
quienes también corren
mientras los trasladan
por la vía de la existencia

porque ellos también
algún día correrán.
No es el preludio
del fin del mundo
ni el Edén encontrado,
pero todos corren.

¿Dónde van?...
¿Quién llegará primero?
¿Quién lo logrará?
Es la carrera por la vida…
Por los sueños rotos.

Parecen hormigas…
Abejas tras un panal,
sin saber que la vida
es efímera tal soplo
y los sueños inmortales.

Los veo
desde mi ventana
y me angustio.
Corren en días
lluviosos
o cuando
hay bruma.
Corren
con el sol
ardiendo
a sus espaldas.
Corren… Corren
tras un autobús

y en las paradas
se empujan
y atropellan
como mulas.
Corren en el metro
donde semejan
robots perturbados
y desencajados.
Corren en las avenidas
sin saber dónde pisan.
Corren como desquiciados
en las autopistas
convertidas en paraíso
de maniáticos chiflados.
Corren en los ascensores.
Arriba y abajo… Abajo y arriba.
Y otra vez arriba
para después volver a bajar.
Parecen nunca cansarse…
Arriba y abajo… Abajo y arriba.
Solo por dinero,
un mendrugo de pan
y una cama
vacía de realidad.
Corren por las escaleras…
Corren por las cuestas
empinadas
y sinuosas bajadas.
Siempre corren
Como si correr
fuese vivir.
Pocos son

los que corren
tras la misericordia…
Tras el amor
divino teñido
de esperanza.

Todos corren… Corren
Unos más aprisa.
Otros más despacio,
pero corren y corren
sin saber
que los caminos
del espacio-tiempo
conducen siempre
a la tierra donde
los sueños duran
toda una eternidad.

Hace tiempo
dejé de correr.
Ahora que corra
el viento tras de mí.
Ya no soy hombre,
ni sueño, ni mortal
o inmortal,
sino un viajero
que mira
la inmensidad
desde la paz
de su ventana.

SÓLO AMO AL AMOR

Porqué buscarlo
en los laberintos
de vidas arrulladas.
Porqué buscarlo
en recovecos
de placer y sin sentido.
Porqué no verlo
si está tan cerca
que casi nos arrolla.
Porqué tenerle miedo
si es tan sublime.
Porqué escapar
en vez de abrazar.
Porqué no darle
la piel y la dulzura.
Porqué buscar
metas infinitas
que al fin nada dejan.
Porqué engañar
a los sentidos.

Son sólo algunas
de las preguntas
que rondan mi ser
de alma viva
y las respuestas
en tropel inundan
mi mente fiel.

Sólo el amor

nos da la vida.
El amor es la energía
envuelta en capullos
de lirios blancos
y paz infinita.
El amor nada pide
y todo entrega.
El amor es la puerta
que enciende la luz
y apaga la oscuridad.
Es la felicidad
y las ilusiones.
El sueño convertido
en hermosa realidad.
¡Lo es todo!
Es el blanco y el negro…
La paz y la guerra…
La vida y la muerte…
Pero, por sobre todo,
es el aire que respiras
porque sin amor
no estás vivo.
El amor lo es todo
y sin el nada hay.

¡QUÉ BELLO ES VIVIR!

Aunque me duela el alma
y la tristeza arrope
mis sentimientos,
venceré el desamor
con la fuerza de Dios.

Y no es porque sea lego
o un bobo santurrón
que cree con fanático
fervor en el Divino Señor.

Es que el amanecer del nuevo día,
con sus brotes y retoños,
sus nubes de perla espuma,
el pájaro que canta con alegría,
las sirenas de las inquietas
ambulancias y patrullas,
el ruido de camiones, buses
carros, motos y el sonido
de sus intranquilas y nerviosas
bocinas, me hacen predecir
que nuevamente he despertado
a la vida que ayer dejé al olvido
y anhelante hoy con amor retomo.

¡Qué bello es vivir!

El reclamo del perro ansioso
que apremiado quiere salir
a depositar la caca y su fermento

lejos del encierro protector
de las abrigadas paredes de casas,
solares y apartamentos,
el grito de un niño
que presuroso va al colegio
y el alerta de una madre cariñosa
que en ahogo de amor avisa
"¡Cuidado al cruzar la calle!",
anuncia que mí corazón palpita
de vida, sueños y energía.
Me desperezo con cándido regocijo.
Mi corazón ríe y agradece
al Altísimo la vida mía.

¡Qué bello es vivir!

Me hipnotiza el café humeante
que en instantes deja brotar
su esencia de grano fino
de exquisito y penetrante aroma.
Después la flor,
con su perfume de vida,
el aire que travieso juguetea
en los laberintos de mis pulmones
y mis oídos que se deleitan
con la armoniosa tonada
de un solitario *cristofué*
me resucitan a la vida.

¡Qué bello es vivir!

Rebosante el cielo brilla

en el firmamento
de mis añorados sueños.
La tierna y cómplice sonrisa
del sol con su eterno resplandor
me hacen percibir que la vida
esparce bondad y semillas
de aromática existencia
hacia el universo infinito.
Me río placentero y dichoso
el me guiña el ojo entero.

¡Qué bello es vivir!

¡Vive!... ¡Vive!...
Siempre vive…
Porque la vida es bella
pese a sus amarguras,
desaciertos y sinsabores.
Nadie jamás podrá vencerla
porque es dulce cántaro
de existencia donde la fe
deposita su hermosa luz
pródiga de optimismo.
Es huerto fiel lleno
de dichas y esperanzas.

¡Qué bello es vivir!

¡Es el regalo de Dios!...
¡Aprovechémoslo!... ¡Vive!
Dura muy poco... ¡Vive!...
La vida es bella… ¡Bella es la vida!

¡Siempre vive!… ¡Siempre ama!
¡Es el regalo de Dios!... ¡Vive!

CÓMO DECIRLO

Cómo decir
que te amo
más allá
de las cosas
infinitas.
Que tu sólo
suspiro
enciende
mi alma
en fuego
de lava bendita.

El perfume
que adorna
tu piel venerada
cabalga
sobre río
apasionado
en noches
de sueños
dulces
y encantados.

Cómo decirte
lo tanto que te amo
si al verte sólo
balbuceo palabras
sin sentido.

Cómo quisiera

robarle un beso
a tus labios dorados
para morir loco
y muy embrujado.

Eres mi súplica
sagrada.
La que surca
el universo
más allá del todo
y la nada
y jamás podría vivir
sin sentir tú latir
en mis sienes
ardientes.

Tus ojos de miel
plenos de vida
es luz que alumbra
con alegría la vida.

Olvidarte
jamás podría
sin antes no sentir
la humedad
de tu cuerpo
fundirse en el mío.

¡Cómo decirlo!
Eres el todo
y la nada.
El universo

y el cielo azul.
La tormenta
y la calma.
El fuego y el frío.
El aire y su armonía.
El amor y la pasión.
El aliento de vida
porque sin ti la vida
nada sería…

¡Cómo decirlo!…
Cómo encontrar
palabras eternas
para decir que te amo
hasta más allá
de las cosas infinitas.

POR QUÉ LLORAN LAS MARIPOSAS

Tirado en la ribera de la nada
pensaba en el atardecer
de la primavera, en los bosques
callados y siempre vivos
de la sabiduría silenciosa.

Escuchaba el riachuelo
de mi alma descorrer
hacia el eterno
soplo del viento.

Miraba embelesado
a los pájaros cantores
de fantasías y quimeras
que cabalgan en los sueños.

Miraba al mundo
girar en torno mío
pero no entendía
sus movimientos
ni el porqué de la vida.

Todo fluye. Nada es eterno.
Hasta la muerte es temporal,
como temporales
son las ideas y las ilusiones.

Me vi tirado
sobre una alfombra
de hierba viva

adornada por flores
de tantos colores
que el mismísimo arco iris
las hubiese envidiado
si ese vil defecto
albergase su juego golondrino.

Estaba tan feliz
que hasta la dicha
susurraba su alegría
en el eco de la montaña.

De pronto vi una,
después otra,
más adelante a millones
de hermosas mariposas
de múltiples colores, formas
y maneras de danzar al viento.

Una muy pequeña,
de tiernas y agraciadas
alas color azul cobalto
ribeteadas de perfumado
listón blanco, dejaba
descorrer una lágrima
por su inocente mejilla.

No pude permanecer más tiempo
tendido en la hierba viva.
Me incorporé, fui hacia
ella y curioso le pregunté:
¿por qué lloras mariposa?

Levantó su rostro
y con la lágrima
aún rodando hacia
la inmensidad intangible,
me dijo: Por el mundo…
Por ustedes…
¿Y por qué?, la interrumpí
en su sollozo interior sin
dejarla concluir.
Porque navegan hacia el fin
y siquiera se han dado cuenta.

Me recosté junto a ella
y puse a pensar a su lado
mientras una gran lágrima
también rodaba por mi rostro.

LAS HORAS

Las horas arañan
las agujas del reloj.
Jadeantes buscan alcanzar
la cima del tiempo
pero una fuerza invisible
separa la distancia.
Un suspiro en el espacio
etéreo de la existencia
las alejan derrotadas.
Cadenas impalpables,
plenas de aliento,
aferran sus dedos
a la esperanza marchita…
Los compases no alcanza.
Se han ido en la nada,
en el vacío perenne
de la paz infinita.

PERDÍ UN SENTIMIENTO

No sé si voy a morir
ahora o después.
Soy una sombra muda de afectos…
Un ruido, quizás… Sólo eso…
Pero quiero hablar… ¡Es mi momento!…
Es lo último que pienso hacer.
Por eso me atrevo a contar
lo que estaba sepultado
en las cicatrices
que reflejan el ayer.
La historia es corta,
como las de quienes
se entregan por amor.
Todo se abrevia en una frase:
"La quise y me traicionó"…
¡Sí!, así de simple,
se fue y dejó la herida…
La llaga maligna marcó
el fin con estrofa y sin solfeo.

Pensaba en ella y mi tragedia
pero algo distorsionó el alma mía.
Era la muerte viva cabalgando
voraz sobre los sentidos.
Aprisioné las palabras…
Quise apedrearlas…
El eco de las letras aturden
y fusilan mis entrañas…

No voy a escapar,

menos a refugiarme
en la compasión
del entendimiento.
¡Nunca!... ¡Nunca!

La muerte sonríe asombrada a mi lado…
Muy cerca… Me acaricia, suave…
Me embelesa y sonríe burlona.
Quizás es su venganza hacia la vida…
Quizás si... Quizá no… ¿Quién sabe?...
¡Bienvenida!, exclamé con vergüenza.…
Luego, complacido, casi grité:
"¡El miedo está enterrado en el dolor!",
como si en verdad estuviese convencido
de lo que decía o estaba por venir…

La prosa volvió
a ser poesía aquel día.
Lloraron las letras
y las palabras cantaron.

Los cipreses se tiñeron de rojo.
El sentimiento agonizó cerca del río…
Hubo luto en las montañas
y hasta las sombras se conmovieron.
Luego, al poco tiempo,
los seres queridos volvieron
a la gloria y a las causas perdidas…
¡Así es la vida!... ¡Así es la muerte!...
Perdí mucho, quizás nada…
Quizás sólo un sentimiento…
¿Y qué es la vida si no hay sentimientos?...

¡Nada!... ¡La muerte viva!... ¡La muerte!

BAILA

Todo es luz
donde hay amor.
Donde las estrellas
bailan sin temor.
Es el tiempo
el que sueña,
la vida baila
sin miedo
en el arco iris
de la vida.
Baila al vaivén
de las cuerdas
del violín,
en el sonido
que te lleva
hasta el fin
de los tiempos.
Baila… Baila libre
sobre la felicidad,
en su brillo,
en la libertad
que acaricia
las horas
de paz infinita.

ESCRIBO

Soy pensamiento
sin piel ni ideas.
Apenas balbuceo,
sin embargo veo una luz,
lejana, más allá
de las cosas ciertas.
Sólo miro y no entiendo.
Las palabras hablan.
Otras vuelan, y las demás,
las distantes, bailan
y escriben sobre el mar.
Son letras color de vino,
rojas como la sangre
y tan relucientes como el rubí.
Son ideas que vuelan…
Detrás de ellas un pensamiento
que las amarra y seduce.
El vientre del abecedario
se hincha con fatiga.
Algo nuevo está por nacer.
Quizás un nudo se desatará.
Quizás una palabra o un sentimiento.
Tal vez un deseo,
o un no sé qué que nos lleve
al amor… Quizás, sólo será un quizás
desconocido que nos conduzca al olvido.
A la nada… Al amor…
Al intangible quizás
que nadie puede ver ni atrapar.

¡TE AMO GUERRA!

Te amo porque
no sé si mañana
existes… o yo no existo.
Te amo por los hijos perdidos,
por los sueños frustrados
y glorias alcanzadas.

Te amo por la furia y por la paz.
Te amo por el arrojo y el valor,
por tu fuerza y decisión.
Te amo por la vida y la muerte
y por el sosiego que brindas
cuando al fin mueres
para brindar armonía eterna.

Te amo guerra eterna
porque siempre serás bendita
entre los soldados que buscan paz.

Amo el olor a pólvora y muerte
porque con ella renacerá
la magia de la vida inerte,
de los hijos sagrados,
de los hombres callados,
de las horas pasadas
y héroes olvidados.

La guerra ama la libertad
y los sueños de amor
que nacen en cuna dorada

donde mora la felicidad.

Marte es mi signo,
amor mi designo
sangre mi destino
y victoria la ley divina.

Buscaré la paz
en la guerra infinita
en los quejidos del hombre
para alcanzar la felicidad
de los pueblos afligidos
y conciliación de sus espíritus.

La guerra es testimonio
de libertad subyugada,
del rescate de la dignidad,
del honor y decoro perdido.

La guerra es el todo,
la verdad de los tiempos,
las ideas liberadas
y la vida librada.
Sin guerra jamás
habrá libertad
y el mundo se perderá
en el ocaso de la verdad.
¡Amo a la guerra… ¡Amo a la libertad!

LLEGARÁ EL MOMENTO

Llegará el momento
de no más colores,
de no más sentimientos
de no ver o ambicionar nada.
De no apreciar la hermosa
naturaleza y sus flores
de sueños primaverales.
De no escuchar el dulce
canto de las aves
y deleitarse con el azul del cielo.
De no ver sus traviesas nubes
de terso y blanco algodón
que bailan al son del viento
con sus ecos y sonidos.

Llegará el momento
en que el momento
huye en un soplo.
En el que el amor
se nubla y las ideas
son polvo sin vida.

Llegará el momento
en que nuestras ilusiones,
angustias y tristezas
dejarán la vida.

Llegará el momento
en que las hermosas alegrías,
las del canto y la risa,

las batallas y las metas trazadas,
abandonaran la dicha
mortal para convertirse
en leyenda en el tiempo.

Llegará el momento
en que volveremos
a ser libres, humanos,
etéreos, sin pensamientos
y realmente felices.

Llegará el momento
en que la muerte nos abrace
y gustosos correremos
a sus brazos de vida.

Llegará el momento del no más.
Llegará el momento de la eternidad
y la dulce paz infinita.

¿?

Dónde está el cielo
Dónde la tierra
Dónde los ángeles
Dónde los santos
Dónde el infierno
Dónde el Diablo.
Dónde las dudas
que cabalgan
en las sienes del tiempo.
Dónde los miedos
que nos limitan.
Dónde la risa
que nunca excita.
Dónde la felicidad
que siempre se marchita.
Dónde están los hombres
Dónde las mujeres
Dónde está la verdad
Dónde la mentira
Dónde está el todo
que no existe.
Dónde la luz
y el tiempo
que se disipa.
Dónde está el sueño
que no se realiza.
Dónde está el tormento
que nos agobia.
Dónde está el ser,
ese que vive

y no quiere morir.
Dónde los hombres
que no saben qué son.
Dónde el dónde
que no sabe dónde ir.
¿Dónde ir si todo
es un dónde sin fin?

COMPAÑEROS

Tengo dos compañeros
nuevos. Quizás Dios
me los envío,
quizás la providencia,
quizás es pura casualidad.
No importa cuál quizás
fue. Lo importante
es que los estoy comenzando
a comprender. Quizás más
que eso. Quizás estoy
aprendiendo a amarlos
o quizás los amé
desde el mismo instante
en que los conocí.
No lo sé y tampoco importa.
Lo importante, los ame
o no los ame, los aprecie
o no los aprecie,
son mis compañeros.
Mis inseparables
compañeros de días
de cuitas, de noches
de insomnio, de efímeras
alegrías y de prolongados
silencios salpicados
de reflexión y aburrimiento.
No dicen nada. Sólo
me ven y todo lo aprueban.
Yo hago lo mismo.
Los veo, los apruebo

y a veces trato de entender
sus pensamientos,
sus deseos y sus angustias
si es que las tienen.
Hace poco que están conmigo.
Quizás también ellos
me estén estudiando.
Quizás psicoanalizando,
quien sabe. En este mundo
todo es posible, tal como
es posible reproducir
bacterias de la nada
y todo un cuerpo
de una simple
y microscópica célula.
Uno de ellos,
uno de mis compañeros
se llama Coloso. No sé
porqué le pusieron
ese nombre de pila,
ya que es muy pequeño.
Casi una miniatura,
diría yo al compararlo
con otros de sus parientes.
El otro, siquiera tiene nombre.
Quizás nunca lo tendrá.
Quizás su mamá se lo puso
y yo no lo sé. Quizás si, quizás no.
Por eso, como no conozco
a su señora madre, lo he bautizado
con el nombre de Picirillo,
que en buen italiano quiere

decir Pequeñín, porque es mucho,
pero muchísimo más pequeño
que Coloso, mi otro compañero,
que de coloso no tiene un ápice.
Estoy seguro que, aunque
los tres convivamos juntos,
Coloso y Picirillo no se conocen
ni jamás se han visto.
Si ocurriría alguna vez,
sin la menor duda Picirillo
dejaría de existir. Sería
una lástima porque últimamente
lo he visto crecer. Picirillo
es apenas un bebé, pero crece
rápido y saludable. A pesar
de su corta edad en cada uno
de sus movimientos evidencia
su agilidad y vivacidad
ancestral. Lo lleva impreso
en su ADN. Debido a eso
se ha salvado de grandes
hecatombes desde el principio
de los principios, cuando
la Tierra era poblada
por descomunales dinosaurios.
A Picirillo sólo lo veo
en la noches.
Es un noctámbulo incurable
y así será mientras
la Tierra siga girando
sobre su eje. Esa conducta
ha hecho sobrevivir

a su especie durante milenios.
Lo veo cuando voy al baño.
Vive allí y ese, para el
"inmenso" espacio, le gusta
y también lo disfruta.
Mientras estoy sentado
en la poceta, ustedes saben,
haciendo mis cosas… ¡La caca,
por supuesto!, lo observo
como, dicharachero y feliz,
deambula de un lado otro
con total y absoluta libertad.
¡Es tan pequeño y yo tan grande!,
pienso a veces, y siquiera me teme.
Anda por doquier. Cerca de mis pies,
en los alrededores de la poceta
o donde le da su perra gana.
A veces me reta y busca meterse
entre mis pantuflas… ¡Es un atrevido!
Un temerario. A veces lo veo,
lo presiento y lo visualizo
como mi héroe, mi valiente héroe.
¡Yo, unas cien mil veces más grande
que él y no me teme!… ¡Siquiera
tiembla ante mi presencia!
Por eso lo admiro y amo.
Además, es mi compañero de soledad.
Mi compañero de pensamientos,
porque me hace reflexionar
mucho sobre la vida y la muerte
y de todas esas cosas que los humanos
nos empeñamos en pensar

enfermizamente a fin de hacernos
nuestro propio y personal
haraquiri mental y vivencial.
Picirillo es silencioso y pulcro
y no se mete con nadie.
Vive en completa paz y armonía.
Así lo hizo Dios y parece
darnos el ejemplo, pero nadie
lo ve, nadie nota sus sabias
y silenciosas enseñanzas.
Cuando anda por doquier,
libre y orondo, como Pedro
por su casa, sólo busca su alimento.
Alimento para su subsistencia,
para que cuando sea adulto
o llegué el mágico momento
de aparejarse, pueda tener
su propia y hermosa familia,
la cual seguirá, por los siglos
de los siglos, perpetuando su especie.
Realmente he comenzado a amarlo,
a quererlo con total
y desprendido sentimiento.
Cuando en las noches voy a hacer pis
y no lo veo me preocupo. ¿Será
que Coloso lo descubrió andado
por "su casa" y acabó con su existencia.
Con ese funesto pensamiento
martillando mi sienes, regreso
a la fría cama de invierno tropical.
No dejo de pensar, una y otra vez,
qué suerte le tocó. Qué pudo

haberle ocurrido. Y entre pensar
y repensar pronto quedo otra vez dormido.
A veces me cuesta retomar el sueño.
Otras veces, cuando el cansancio
me abruma, no. No puedo evitarlo.
Sé que Coloso no es ningún
salvaje animal y eso me consta.
Más bien es dócil y comprensivo,
pero instintivamente su naturaleza
lo impulsa a hacer cosas
que para otros podrían parecer
aberrantes y que para el no lo son.
Yo lo quiero mucho.
Aunque a veces lo reprendo
y me dirijo a el con palabras
subidas de tono y un poco groseras,
sé que también me quiere mucho.
Es tan fiel y comprensivo,
que a veces me hacer sentir mal
por mi hostil comportamiento.
En más de una ocasión
me he reprobado en silencio
mi, a veces, neurótico trato.
Y es que, en momentos, me desespera.
El muy insolente se cree
el rey del universo, el centro
de toda la galaxia
y que la vida y el mundo
gira a su alrededor.
A pesar de que me irrite
y que a veces le da por romper
todo: muebles, patas de sillas,

flecos, costosos divanes
y todo lo que le venga
en perra gana, lo amo.
La descrita no es su peor
actitud y proceder.
Lo peor, lo cual tiene la casa
convertida en mundanal chiquero,
es que se mea y caga donde,
también, le da la perra gana.
Y eso que no es ninguna perra,
sino un chiquitín perrito chihuahua,
de los que a los maricones
gringos, por eso del marketing,
les ha dado por llamar *chihuahua toy*.
¡Si hombre, toy!... Nunca había
visto ni imaginado un juguete
tan cagón, insolente, maleducado,
patán, cabeza dura
y todos los demás etcéteras
que se le quieran poner, como Coloso.
Sin embargo, y a pesar de todo,
lo amo. Tiene sus defectos, como
todos, pero también sus virtudes.
Coloso es cariñoso, comprensivo,
fiel, piadoso, escrupuloso, tolerante,
moderado guardián, ya que es un
poco miedoso, y de mirada angelical...
sólo cuando quiere que se le consienta en algo.
Además, es un innato psicoanalista.
Cuando me mira fijamente a los ojos
me hace sentir, y así lo percibo,
como si estuviese sentado

en el diván de un psiquiatra
y el fuese el loquero
que me escucha en silencio.
Lo digo en chanza,
ya que nunca, gracias a Dios,
he tenido que ir a uno.
Sea lo que sea,
lo amo y el a mí. Eso es seguro.
El lo sabe y yo también.
Lo mismo sucede con Picirillo,
mi pequeña chiripa
que pronto, si Dios quiere,
se convertirá en una señorial,
distinguida y elegante cucaracha.
Son mis compañeros
y yo lo amo. Sé que ellos
también me aman a mí.
Dios me los puso en el camino.
No me opongo. Dios sabe lo que hace…
El tiempo de Dios es perfecto.
Yo lo sé. Nunca lo he dudado,
porque siempre lo he amado
sobre todas las cosas terrenas
o divinas… ¡Dios está conmigo
y siempre lo estará!... ¡Te amo Dios!

LA LUCIÉRNAGA PERDIDA

Volaba sola
en una noche
de estrellas vivas
al vaivén
de los vientos
del arrojado abril.

Desesperada
buscaba el amparo
de un puñado
de luz desplegada
en la inmensidad.

La vi tan frágil
que alargué
mi pincel
y la posé sobre
el lienzo.

Poco a poco
aquella imagen
diminuta
fue tomando
vida infinita.

Bailó en espiral
sobre la tela
hasta que cansada
descubrió su rostro
de bailarina iluminada.

Le di la bienvenida
y ella alegre me miraba.
Bailó hasta llegar el día
y yo con ella me quedé.

Cansado le di
las buenas noches
y con un beso
la aparté del lienzo.

No quiso irse.
Se quedó dormida
en la tela que atrapó
su efigie santa
de luciérnaga perdida.

NO SE ME OCURRE NADA

Mi mente fragua
en el destierro
de las ideas.

Corro y lucho.
No hay sentido.
El tiempo se acaba,
busca su partida.

La mente batalla.
El cuerpo plañe.
Las horas risueñas
buscan la noche.

No hay tiempo.
No se me ocurre nada.
Montado en el lomo
de una blanca gaviotas
surco los aires
y aprecio la vida.
La vivida, la nueva
y la que se va.

Nada ha cambiado.
Es el mismo carrusel
que arropa los sentidos
y el alma de los nacidos
en tierra noble
y ahora corrompida.

No se me ocurre nada.
Sólo lanzar un beso
de amor a los que han
partido y a los que esperan
en la fila donde yo me he metido.

NOTAS AL SILENCIO

Cierro los ojos
y me dejo atrapar en la nada.
Luces y destellos de silencio
inundan con su blancura los sentimientos.

Huele a soledad,
soledad de cipreses muertos
en las veredas que tejen los sueños.

Sedas de viento
descorren lentamente
en el latido del tiempo.

Corceles de agua
tocan inconscientes
las sienes de nieve.
Rosas blancas y azules
abren sus puertas
manchando el silencio.

Mascaradas de hojas muertas
hurgan en el exilio del sufrimiento
buscando los fantasmas del silencio.

Atardecer que te vas,
noche que llegas,
pinta en mi cabello
el color del silencio.

LIBERTAD ABSOLUTA

¿Dónde está?
Me gustaría atraparla.
Tenerla entre mis brazos.
Decirle que la he buscado
y amado toda la vida.

¡Qué libre me sentiría
en libertad absoluta!
¿Pero existe?... ¿Es posible?
¿O sólo es un sueño, una quimera,
un ardid de los sentidos?
¿Dónde?... ¿Dónde está?
¿Es posible vivir sólo, al arbitrio
de la naturaleza y elementos,
sin dinero, sin metas, casa, auto,
esperanza, tarjetas de crédito,
amigos y afectos?
¿Es posible vivir sin los recuerdos
que atan y muerden?
¿Es posible dejarlo todo
para alcanzar la libertad absoluta?
¿Cómo?... ¿Cómo lograrlo?
¿Cómo enterrar todo en el olvido
sin que queden cicatrices?
¿Cómo vivir al libre albedrío
sin quedar herido?
¿Es posible la libertad absoluta?
Entonces, ¿con quién compartir
la paradoja de la felicidad total?
¿Con quién podré compartir

mí libertad absoluta?...
¿Existe?... ¿Existe de verdad?...
¿O es sólo incoherencia del alma?
¿Dejará mí mente disfrutar
la libertad absoluta?
¿No me hará trampas en el camino?
¿Tendré que compartir
mi libertad absoluta con ella…
sólo con ella y nadie más?
Entonces, ¿de qué me sirve
la libertad absoluta si no tengo
un afecto con quién compartirla?
¡Qué paradoja más alucinante:
Quiero la libertad absoluta,
pero al alcanzarla no la quiero ya?
Es muy sosa y aburrida
sin tener con quien disfrutarla.
Ya no la quiero… ¡No la quiero ya!
La verdadera libertad es la muerte
y yo vivo quiero estar.

INTRIGA

Siempre me ha intrigado
cómo será mí fin.
Cómo terminará todo.
No me atrevo a predecir
nada ni a hacer
apuestas o conjeturas.
Sólo sé que después
habrá paz celestial
o un fuego infernal.

¿Quién sabe si así será?
¿Tú lo sabes?... ¡Yo no lo sé!

Lo seguro es que me iré.
Eso nadie lo puede evitar.
Quizás me reencuentre
con mis seres queridos
que han partido antes que yo.
Quizás un cortejo de ángeles
me tomarán de la mano
y llevarán hasta el infinito.
Quizás sí, quizás no.

¿Quién sabe si así será?
¿Tú lo sabes?... ¡Yo no lo sé!

Qué importa si será así o no.
Lo fundamental es saber
cómo será la partida.
No será en una pista

de tartán ni de Fórmula 1,
porque nunca aprendí
a correr a alta velocidad.
Con agobio apenas gateé
por los complejos
caminos de la vida.
Por las angustias
y las dulces fantasías.
Por las quimeras
de mis pensamientos,
pero nunca más allá
porque correr no sé
ni mucho menos
empujar o atropellar.
Quizás en un pista de baile,
porque danzar si sé,
aunque no es mi pasión.
¿Será el fin una ilusión?

¿Quién sabe si así será?
¿Tú lo sabes?... ¡Yo no lo sé!

¿Y qué es el fin?...
¿El comienzo de la nada?
¿Es la nada un lugar
celestial y agradable?
¿O la nada simplemente
es el vació absoluto,
la calma. El silencio
total donde ni los ahogos
del alma se escuchan
porque la mudez los asfixia?

¿Quién sabe si así será?
¿Tú lo sabes?... ¡Yo no lo sé!

La intriga persiste
y martilla mis sienes.
¿Cómo será mí partida?
¿Será en un lecho mortuorio
y en lenta y cruel agonía?
¿Será como la de un Príncipe
Encantado que cae fulminado
por el rayo de su corazón
enfermo y cansado?
¿Será vuelto papillas bajo
las redondas ruedas de un auto
o con una sonrisa celestial
y hecho mantequilla entre
las esféricas y tersas tetas
de una hermosa mujer?

¿Quién sabe si así será?
¿Tú lo sabes?... ¡Yo no lo sé!

Lo único que sé es que ocurrirá.
Hoy o mañana, el año que viene
o dentro de una década o más,
pero siempre acontecerá.
Me esconda o porte bien,
indefectiblemente pasará.
Nadie puede escapar de ese destino.
El verdadero destino
de toda la humanidad.

Será hoy o será mañana,
quién sabe cuándo ocurrirá.
Lo cierto de todo esto
es qué sucederá.

Una cosa me intriga… ¿Cómo será?
¿Tú lo sabes?... ¡Yo no lo sé!

HOJAS DE ABRIL

Reverdecen
las palabras,
reverdecen los versos.
Todo reverdece
y florece en abril.
Es la primavera
de los sueños,
de las ideas olvidadas
en el equinoccio
de la vida, del amor
que nunca muere…
Que palpita y cabalga
sobre letras de armonía,
de quimeras y felicidad
que acaricia el soplo
del viento, las olas que vagan
en las aguas perdidas
como sollozo a los sentimientos,
como huella imperecedera
del verso peregrino.

ESTO ES LO QUE SOY
El hombre.

Yo soy el Pegaso que cabalga en el cielo,
el unicornio, el arcángel, la estatua de mármol blanco,
el caballero andante, el espadachín justiciero.
Soy el indómito pirata de los mares, soy Zeus y el Olimpo.
Yo soy todo y nada. Yo soy el todo y la nada.
El ahora, el pasado, presente y futuro.
Soy la roca pensante y el guijarro que se desprende de ella.
El polen de una margarita, su hoja y su pétalo.
Soy la manzana y la pera y el hombre que se la come.
Soy la gota de agua y el mar profundo.
Soy la puerta que toco y su ruido también.
Soy el viento y su susurro.
Soy la Tierra y el ser que vive en ella.
Soy el espacio y el tiempo y la molécula
que ata sus pensamientos.
Soy la mente y la materia. La energía y la nada.
Soy polvo de estrella y galaxia infinita.
Soy finito e infinito a la vez.
Soy el silencio y su murmullo en el sueño.
Soy el esclavo y el liberto.
Soy el mundo sin serlo aunque el mundo soy yo.
Soy el alba y el ocaso.
Las nubes, el huracán y prado salvaje al mismo instante.
Soy el olor de una rosa y su fragancia de amor.
Soy amor y odio sin ser ni lo uno ni lo otro.
Soy la tierra que piso y su misterio también.
Soy el éxito y el fracaso. El joven y el viejo en un solo ser.
El bien y el mal y, sobre todo, sus consecuencias.
Soy pisada y pie en su propia huella.

Soy luz y oscuridad y la niebla que se interpone entre ellas.
Soy el dolor y la felicidad.
Soy cuerpo y espíritu y la magia que los une.
Soy el pensador y la palabra pensada.
Soy el papel y la escritura. Soy lo primero y lo último.
Soy la leyenda, el mito y la historia.
Soy la vida que cabalga sobre nubes de muerte.
Soy la enfermedad y la inteligencia que la cura.
Soy el pescador y el pez que cae en su red.
Soy el alma que vaga en la dimensión de los olvidados
y, no obstante, soy presencia.
Soy el pintor y su paisaje atrapado en el lienzo.
Soy parte de la conciencia infinita de mi propio ser
y, al mismo tiempo, soy el ser.
En fin, soy el todo y la nada,
porque de la nada vine y a la nada voy.

Apéndice: En la vigilia de un sueño.
Dedicado a Deepak Chopra
por su magnífica interpretación
del pensamiento humano,
expuesto en su revelador libro
La curación cuántica.

LA SOCIEDAD DE LOS POETAS LIBRES
A todos los soñadores que pincelan palabras.

En un mundo ignoto
de pensamientos vivía
una sociedad secreta tan hermética
que los fantasmas de las ideas
decidieron investigar su paradero.
Surcaron montañas de letras,
consonantes, pronombres y verbos.
Remontaron ríos plagados
de preposiciones, artículos y acentos.
Una avalancha de adjetivos
casi los tapia entre lanzas de diptongos
y las letales rimas mientras pasaban
un destartalado puente colgante
hecho de fibras de sujetos
y pretéritos imperfectos.
Sin aliento, llegaron a la cima.
Adheridos a una lustrosa pared de comas
pasaron sobre los resbaladizos
puntos suspensivos
y de pronto, allí estaban,
frente al majestuoso
y señorial punto final
flanqueado por dos rudos
puntos y coma
que terciaban en sus pechos
un enjambre de cartuchos
de interrogantes
y en las manos asían
cuatro fuertes e insensibles dos puntos.

Recobradas las fuerzas,
tambaleantes
los fantasmas de las ideas
le preguntaron:
¿Qué debemos hacer
para tener el honor
de ser miembros
de vuestra distinguida sociedad?...
¿Qué méritos alcanzar
y cuál la cuota a pagar?
El privilegio es simple,
contestó el Rey de los puntos,
tanto que no se necesita mucho:
Es tomar amor, sueños y fantasía
y juntas lanzarlas en un bosque
repleto de pasión, ilusión y sentimientos.
Cuando comienza a oler a esperanza
se adereza con un poquito de dolor,
se le echa dos gramos de realidad
y cuatro cucharadas de imágenes
surtidas en sublime amor
y dos hojas de llanto picante
cultivadas en el corazón.
Cuando la cocción
pasa de las horas del pensamiento
ha llegado el momento ideal
de ponerlo a enfriar
no sin antes darle otro toque
del más puro amor.

Después, sólo una palabra…
y detrás de ella otra cabalgando

sobre una más lejana y ésta corriendo
con alegría tras otra que busca la libertad.

HOMENAJE AL INFINITO

Reflexiones desde el infinito de mi alma.

74

EN LAS FALDAS DE LA LUNA

Me escondí
detrás del último
recodo de la fantasía
y de las rubias
arenas de la Luna
tomé una rosa
color de estrellas
y de tú pelo la prendí.

Saboreé
las mieles de tus labios
tendido en el prado
que como manto
de luz y vida
se tendía bajo
el regazo titánico
y paciente de Tycho,
el cráter de los sueños,
y el Mar de la Fecundidad.

Tomados de las manos,
en lánguida mirada
de incontenible deseo
que nos arrebató la dicha,
deslizaste los ojos
hacia las infinitas alturas.
Seguí el camino de los tuyos
y los mío también se
perdieron en la oscuridad
de la bóveda perpetua.

Embelesados,
como dos niños
abandonados,
vimos a la Tierra
triste y plañidera,
durmiendo el sueño
eterno de los héroes
de leyendas del pasado.

Cuántos recuerdos.
Cuánta felicidad y dicha.
Cuántas tristezas y amarguras.
Días de sueños y quimeras
comenzaron a flotar
en el espacio infinito
al ver a La Madre
que nos vio nacer
y tuvo que perecer
por la insensata
codicia sin fin.

TITÁN

Abrazado a la soledad
de Titán, la séptima
luna de Saturno,
miré al espacio
infinito y me topé
con La Nada absoluta.
Le pregunté dónde iba
y no quiso responderme.
Insistí y por respuesta
Escuché; "Donde el
silencio se acaba".
¿Y dónde queda eso?,
indagué curioso.
La Nada quedó callada
por instantes, como
si estuviese meditando
su respuesta, sin embargo
no lo hacía. Sólo pensaba
si era correcto o no
decirme…, contestar
mi interrogante.
De pronto, como salido
de la bóveda del infinito,
escuché que me decía:
"En un sólo sitio. Donde
la muerte cobra vida".
Quedé pasmado y pensativo.
La incoherencia de su respuesta
no me satisfacía.
Por eso, haciéndome el tonto,

como si no hubiese escuchado
su respuesta, insistí:
"¿Qué decías, que no te entendí?".
Nada… Absolutamente nada,
contestó como si nada
y alzando vuelo La Nada
se perdió en la nada del espacio.

REENCUENTRO

Cuánto tiempo.
Cuánta añoranza.
Cuántos siglos.
¡Al fin pude volver
a mis inicios!
A los tiempos perdidos.
A los verdaderos
años vividos.
Ya no tengo
los que tengo
sino la mitad
de los que aparentaba
tener en la Tierra
que me dio luz,
amor y cobijo.
Mis 60 ahora
son algo más de 30
porque 687 días
dura el año
en mi roja tierra,
de donde salí hace
más de 4.600
millones de años.

Otra vez
piso tu suelo
de óxido carmesí.
Otra vez vuelvo
a deleitarme
con Fobos y Deimos,

que tal lunas de amor
inspiran mis emociones
y sentimientos.

Otra vez corro
por lo que alguna
vez fueron prados
de lindas y floridas
azucenas y alhelí.
Percibo su grato
olor en la cenizas
de lava caliza
y su blancura
en los pies
mientras camino.

En la tierra
que me brindó
calor y abrigo
llamaron con tu
nombre a héroes
y dioses mitológico
y legendarios.
Fue así como
en la antigua Grecia
nació Ares, hijo de Zeus
y Hera, famoso
por sus ardientes
amores con Afrodita,
y entre los valientes
guerreros romanos,
Marte, el inmortal

Dios de la guerra
y grandes victorias.

¡Qué dicha
volver estar aquí!
¡Qué dicha volver
a ver tus valles,
laderas y montañas!
¡Qué dicha
pisar nuevamente
el suelo que hace
millones de años
me vio nacer y llorar!

MÁS ALLÁ DEL HORIZONTE DE LA LUZ

Nunca nadie
ha estado más cerca
del Horizonte de la Luz
que mi propia fantasía.
Soy el pionero,
el vagabundo errante,
el que nada en la nada
del espacio sideral,
el que con sus manos
ha tocado la línea verde
del infinito, aunque no el fin
de ese infinito, sino apenas
el comienzo de su línea
de luz brillante y horizontal.

Dicen que no existe
nada más veloz que la luz,
pero científicos y astrofísicos
están más que equivocados,
porque nunca han medido
la velocidad del pensamiento
y las ideas de un poeta
que dice la verdad y no hace tretas.

Detrás y abajo
del Horizonte de Luz
existe un nuevo
universo lleno
de burbujas verdes
repletas de galaxias,

soles y planetas,
que mis ojos que no son
ni se parecen
a ningunos girasoles
los han tocado y palpado
hasta más allá del frenesí.

Aunque todo vibre
y no haya brizna
de paja de donde
uno se pueda agarrar,
sólo falta ir allá
para besar la dulce luz
que brota de sus entrañas.
A veces es amarilla
como el canario soñador,
otras azul celeste,
como el cielo
que vemos en el este,
pero después
de dar vueltas y girar
por aquí y por allá,
como un trompo
feliz y enloquecido,
siempre verde permanecerá.

Yo ya me voy. Vuelvo allá…
Me encantaría invitarlos,
pero espacio no queda ya.

POZO DE ESTRELLAS

Estando solo
con mi fantasía,
jugueteaba
imaginado cosas
hermosas, cosas
que la imaginación
se resistía a creer
que existían.
Vi luces galopando
donde nacen
los deseos
y quedé atrapado
en el remolino
de sus destellos
que como hilos
de tenue seda
dorada me
abrazaban
y acariciaban
con sutil ternura.
Embelesado
e inmerso
en la etérea
paz de sus mimos,
me dejé llevar
hasta los confines
del universo sideral.
Como surfista
audaz e indómito
me deslizaba

con armonía
de niño encantado
sobre olas
de éxtasis dorado
cuando de pronto
caí en un pozo
lleno de estrellas.
Fruncí el ceño
y sin aspaviento
me preparé
para recibir
el duro golpe
en el final ignoto.
Seguía cayendo,
cayendo y cayendo
y este no venía.
Comencé
a disfrutar
de aquel
viaje sin fondo
y una sonrisa
de placer
se dibujó
sin falsa timidez
en mí rostro
de hombre
augusto,
que por nada
parecía de susto.

El regocijo
duró todo

lo que yo quería.
No sé cuánto
tiempo,
ni tampoco
me interesa.
Carece
de importancia
o sentido fiel.
El fondo
no llegaba
y yo estaba feliz
de mi viaje
entre las estrellas.
Un colchón
llenó de escarchas
relucientes,
tan suaves
como plumas
de ganso,
súbitamente
interrumpió
la fatal caída.
Con la dulzura
de un beso
me sentí
suspendido
y seguro
sobre ese
paraíso estelar.
Miré aquí
y allá y todo
estaba tan

brillante como
una estrellada
noche primaveral.
Quizás más,
pero no tanto
como para opacar
mis sentidos,
qué bien
despiertos
los tenía.
Volví a mirar.
Esta vez de allá
y luego para acá.
A un costado,
abarcando
lo que creí
que era toda
la bóveda celeste,
vi una gran brújula
hecha de estrellas
tan blancas
como perlas
del Caribe mar.
La bitácora
era casi igual
a las nuestras,
las de aquí,
en la Tierra,
con la única
diferencia que
el gran cometa
que servía de aguja

imantada marcaba
lo que debería ser
el Norte con una V,
que correspondía a Verdad
y en su polo opuesto,
o sea el Sur, con una M,
que significaba Mentira.
Y hacia el Este en vez
de una E tenía una B,
que traducía Bien
y a su lado inverso,
o sea el Oeste,
una M de rojas estrellas,
que simbolizaba el Mal.

Pensativo,
me eché de lado
porque un gran
sueño me invadió.
Comencé a soñar
despierto aunque
los ojos bien
abiertos tenía.
Y en mi sueño soñé
en Pyxis, la constelación
del hemisferio Sur,
que antiguamente
formaba parte
de la constelación
de Argos.
Seguí soñando
un largo rato.

No sé si estaba
en el Edén
o en un sitio
más hermoso
todavía.
Lo cierto es
que cuando desperté,
una luz que partió
de mí alma
me sonrío agradecida.
No entendí
el porqué lo hacía,
simplemente
le respondí
con un beso
que salió
de lo profundo
del ser mío.
Dichoso,
cerré los ojos
y en susurro
celestial escuché
como el tambor
de mi corazón
entonaba acordes
que armonizaban
un canto de amor
y paz que decía "sólo
la verdad os hará
libres" y, enseguida,
una marcha,
mezcla de cánticos

y bombos de suspiros,
coreaba "Si bien
amas al prójimo
el te amará
como tú lo amas".

Aunque nunca
he fumado hierba,
ni nada
que se le parezca,
como tampoco
jamás he inhalado
cosa rara y menos
tomado píldoras
que enloquecen
los sentidos,
de pronto
me sentí como
embriagado
de cosa rara,
pero dulce
como el amor
y los sentimientos
que del cielo
brotan cada nuevo día
para desearnos
paz y amor
a todo los hombres
de buena voluntad.

Por mí parte
¡qué así sea!,

No sé de la
de ustedes.

TEMPESTAD EN EL SOL

No sé si se será
hoy o mañana,
pero algún día será.
Si es Armagedón
o el nuevo Apocalipsis,
tampoco lo sé.
Lo único que sé
es que será.

No será hoy
ni mañana,
pero acontecerá.
No será una tempestad
cualquiera, ni un
enloquecido tsunami,
un terremoto destructor,
un huracán arrasador
o un temporal inundador.
Tampoco será
una guerra nuclear,
ni una invasión sideral,
mucho menos un desastre
fluvial que llene
de agua a la Tierra total.

Nada de eso será.
Será más destructor
que todo eso junto
y mucho más y se dará
de un solo tirón

y todo terminará
antes de que te
lo cuente un mirón.

Será la tempestad del sol.
El vómito del diablo
que abrasador
caerá sobre nosotros.
Lenguas de fuego
más largas
que mil autopista
nos freirán con sabor
y sin sazón.

No sé cuándo será,
Pero de qué será-será.
Si es castigo de Dios
no sé si será,
Pero de qué será-será.

¡Qué Dios nos agarré *confesao*!

PLANETA VIVO

Sólo eso nos faltaba.
No contentos con tantos
rollos, problemas,
hambre y guerras
intestinas y fratricidas
aquí, en la querida
Tierra natal,
ahora científicos,
locos y astrofísicos
dicen que por ahí anda
dando tumbos,
como vagabundo
sideral, un planeta
que es gemelo, o sea
más que hermano,
de la Tierra que me parió.

Y todo porque Ragbir,
que no es rabí ni
nada por el estilo,
porque no es judío
sino astrónomo
australiano, dijo
que "le tomó el pulso"
a una luz que venía
más allá de Gliese 581g,
un planeta que nos podría
servir de refugió vital
cuando aquí en la Tierra
se arme la sampablera

y a algún loco político
o militar se le ocurra lanzar
las bombitas que nos
dejarán sin luz ni vida
por toda la eternidad.

Dicen que está
por allá, fuera
del Sistema Solar,
pero que es tan
magnifico y habitable,
con atmósfera agradable,
que muy bien podremos allí
sembrar caraotas y trigo
que nos de nuestro pan
de cada día, porque cuatro
veces mayor que la Tierra es.

Todos ellos,
físicos y astrónomos,
hablan de una débil
señal y misterioso
pulso de luz,
pero con eso
no se va al mercado
ni el hambre puede
amainar. Mucho
menos mi sed calmar
por eso me voy a tomar
una cerveza tan fría
como el oso polar.

También dicen
que todo es difícil
de explicar, sólo
aseguran que la señal
es tan larga como flaco
desgarbado y penitente,
pero que allí agua fresca
y vida de seguro hallarán.

Lo único malo
que no tan cerca está
y ni con autos, ni aviones
lo podremos alcanzar,
ya que a veinte años
luz de la Tierra está…
¡Una recontra *guará*!

Por ahora yo me quedo
con mi piscina, a la que
no tengo que calentar
y si me da la gana
y quiero pescar
a la mar me voy a echar.

EL ESCUDO PROTECTOR

Si no existiese Júpiter
otro gallo cantaría
y la vida en la Tierra
no sería tan apacible
como parece serlo.

Otro gallo cantaría
porque una lluvia
de asteroides
nos destrozaría
antes de que cante
el gallo cada día.

Nuestro hermano mayor,
el de nariz achatada
como boxeador,
trescientas dieciséis
veces más grande
que nosotros,
y sus dieciséis hijos,
ponen sus espaldas,
pechos, brazos y voluntad
para servirnos de paraguas
o escudo protector
contra los mortales peñascos
de fuego que desde el espacio
infinito se lanzan sobre la Tierra
en afán temible y destructor
como superbólidos de Fórmula 1
tal si estuviesen paseando

en autopista sin corredor.

Y no son poquitos,
sino algo más
de cincuenta millones
de mortales flechas siderales.
Menos mal que esa lluvia infernal
sólo se da cada veinte años o más,
sino otro gallo cantaría
en esta Tierra mía de bondad.

CONO DE VAINILLA Y LIMÓN

Dicen que eres retrogrado
porque ruedas al revés,
pero ¿quién ha dicho
que el derecho
es el derecho y no al revés?
¿Por qué el revés no puede
ser al derecho y el derecho al revés?
Todo es cuestión de semántica
y a través del cristal
por el que se le mire,
si es que se mira derecho.
Además, qué importa
cómo ruedas si eres
realmente tan grande,
hermoso y fascinante,
que te bautizaron
como Urano, en honor
al dios griego de los cielos,
padre de Crono,
al que le decían Saturno.
Eres el séptimo
de la dinastía solar,
pero tan monumental
y orondo que cuando
te veo desde aquí,
se me hace agua en la boca
porque por tu color y textura
te asemejas tanto a una bola
de helado de vainilla y limón,
mi preferido, que me encantaría

devorarte en un tris, o sea
en milésimas de segundos
aunque lograrlo lleve un mundo.
Y no es que sea un gordo
mofletudo y glotón,
sino que cuando te veo
en el cielo nocturno,
me pongo como moribundo,
porque no creo que eres
un planeta, sino el Edén
de los Helados de Mantecado.

A veces me pongo triste y ansioso
porque sólo Ariel, Umbriel, Titania,
Oberón y Miranda, como satélites
a tu lado pueden disfrutar
de los sabores que has dado
y eso no es justo ni correcto.
Y lo que hablo no es dialecto
orbital, mucho menos americano.
Tampoco me he fumado un pucho
malsano ni birra he tomado,
lo único que hago es mirarte
por el telescopio de mi amiga
Antonieta que está muy furiosa
conmigo porque en vez de bajarle
la pantaletas estoy embelesado
viéndote a través de le lente convexa.
Por ahora te dejó.
Será hasta mañana cuando
te vuelva a admirar.
No quería dejarte todavía,

pero el campo magnético
del triángulo perfecto que tiene
mi amiga entre las dos piernas
es tan cautivador y poderoso,
que no puedo resistir la tentación
de dejarme absorber cual coloso
hasta el infinito de sus entrañas
ardientes como sol de primavera.

EL ENANO GIGANTE DE LAS MIL FABULAS

Es allí
donde viven
los gnomos
de las fábulas
de mí niñez.
Algunos
se han escapado
a la Tierra
y se resisten
a regresar
al hogar
que les dio
vida porque
mucho frío
dicen que hace
en ese gigante
azul y colosal.
Y están en lo cierto,
porque no hay
refrigerador
que de un solo
tirón sea tan
alucinadoramente
congelante
como el viejo
Neptuno, bola
Sideral que tomó
el nombre
del dios romano
de los mares,

que era el mismísimo
gran Poseidón
de los océanos
y profundidades
de los griegos
y vecinos macedonios.
Por allí no
se puede andar
en franelillas
ni de la playa
disfrutar, porque
muy lejos
está del sol
y en un tris
te helaras
desde la punta
de un cabello
hasta las uñas
de los pies.
Quizás
los gnomos
estaban en esa
Gran Mancha Oscura
que hoy en día
ya desapareció,
porque los fuertes
vientos del infinito
a la Tierra los arrastró.
Galileo lo confundió
con una estrella
cercana a Júpiter
pero muy pronto

se dio cuenta
que del cielo
nocturno una legión
de gnomos descendían
para, muy calladitos,
quedarse en la glacial
Escandinavia
y después en la Tierra
toda y más allá
de sus entrañas.
Chinos, vietnamitas,
coreanos y japoneses
la veneran y llaman
el rey estrella del mar,
pero en la India,
que no hay hambruna,
sólo la llaman Varuna,
que en buen castellano
es la misma cosa
de griegos y romanos.
Lo pusieron
de último en la fila
no por bruto
o pendenciero,
sino por ser muy
grande y poderoso
y roncar como un oso.
En el fondo
de sus macizas
rocas fundidas
con cincel de vida
en agua, metano,

amoniaco líquido
y coronillas
recubiertas
de eterno y puro
hielo blanco,
dicen que mansos
cual corderos
con la boca abierta
esperan miles
de millones
de relucientes
diamantes
tan grandes
como el auto
de Gabriela,
la bella mulata
que se acostó
con el bueno
de Mandela
cuando era un
preso político
cualquiera
y del jolgorio
y la mundanal
vida gozaba
aunque entre
rejas estaba.
Todo eso está
muy bien
y aunque sea
riqueza
cualquiera,

no es fácil
de tomar porque
en el espacio
sideral está.
También
quisiera tener
un diamante
de ese tamaño
y grosor, aunque
ambicioso
ni codicioso soy,
pero por hoy paso
y que otro gato
baje a buscarlo
a siete mil
kilómetros
de profundidad,
no sin antes
sortear a los alertas
y vivaces centinelas
Tritón y Nereida,
que a su alrededor
dan más vuelta
que un tropo en alerón
para que nadie
viole su intimidad
y con los diamantes
quiera cargar.
A quien se vaya
a aventurar,
aquí sentadito
lo espero

para verlo y reírme
un buen rato cuando
regrese de Neptuno
convertido
en un helado
de coco y mantecado.

EL PURGATORIO DE LAS IDEAS

Por ahí dicen
que en su suelo
rocoso y volcánico
muchas almas
se han purificado.
Su cercanía al Sol
lo hace deleitante
y bastante calcinante.
Si es la antesala
del infierno yo no lo sé,
ni me importa por ahora,
pese a que los beatos
lo llamen Purgatorio,
porque dicen que allí
con calor y tormento
se consigue el firmamento
después que las ideas
malsana sean cocinadas
al carbón y sin sazón.
Lo cierto es que en ese
remoto lugar huele
a mucho azufre
por lo que bien cerca
de la morada
de Satán debe estar,
y si bien el averno
no se llame Sol,
yo no me como
ese coliflor
de que apenas

es una estrella
que en las mañana
alumbra un lado
de la Tierra
mientras el otro
se va a dormir.
Aunque no quiera
redundar,
me veo obligado
a hacerlo,
porque el tal Mercurio
pasa a cada rato
delante del Sol
para soltar,
como si fuese un pedo
en un chinchorro
a todas las almas
tormentosas
que del purgatorio
no eran dignas
por ser de fariseos
y pusilánimes
que tenían miedo
de decir la verdad
y sus ideas
libres expresar.
Pese a que no soy
científico sino
poeta nato,
pero no lírico,
porque mi apellido
es Fortunato,

debo decir
sin que me quede
nada por dentro
que el tal Newton
estaba más pelado
que rodilla de chivo
sobre sus cálculos
del perihelio
y que el fulano
Le Verrier,
algo despistado
porque el tal planeta
Vulcano, que decía
cerca del Sol,
no existe
o las nubes
y sus amigos
más cercanos
se lo han fumado
para estar bien
entonados.
Bueno, para
no hacer tan larga
esta historia,
que apesta
a caraotas quemadas,
apenas agregaré
que el pobre
Mercurio ha recibido
más bombardeos
que todas las guerras juntas,
habidas y por haber,

en la Tierra mía,
pero con la colosal
diferencia de que no
le lanzaron bombitas
de gelatina,
sino grandes
y candorosos
meteoritos
de granito
que volvieron
polvo y mierda
llameante todos
sus rinconcitos infinitos.
Si quieren saber más
a mí ya no me fastidien
porque mucho sueño
y letargo tengo ya.
Métanse
en un santiamén
en el propio Internet
o una polvorienta
biblioteca, llena
de piel y manteca,
porque no quiero
seguir pensado en esto,
pues de repente
por soquete y estar
en estos dimes y diretes
al Purgatorio de las Ideas
me van a enviar
y yo todavía no quiero ir
porque tengo

mucha vida que dar
y gente a granel
a quien fastidiar.
Y si redundo tanto
en el porqué o porqué,
ustedes bien
saben porque lo hago.
Por eso dejen
de tanto criticar
y vayan ustedes
también a dormir…
Porque… Porque…
¡Yo ya lo estoy haciendo!

EL DE LOS ANILLOS DE PLENILUNIO

Eres grande
y resuelto,
pero te ocultas
en nubes de gases
para disfrazar
tus brillantes
e inmensos anillos
que quince veces
más veloces
que una bala
arropan de misterio
tus encantos.
Los romanos
te llamaron Saturno,
el padre de Júpiter,
porque te semejaron
al antiguo titán Crono,
hijo de Urano y Gea,
quien gobernaba
el mundo de los dioses
y los hombres
devorando a sus hijos
después de que nacían,
ya que el inseguro
y pobre cobarde
tenía mucho miedo
de que lo quitasen
del medio y con trono
y corona ellos se quedaran.
Pero su buen amado

hijo Zeus, que no
tenía un pelo de tonto,
se burló de ese nefasto destino
y de un solo y preciso guiño
derrocó a su malvado
padre para quedarse
él solito con el coroto.
Aunque deambules
lentamente entre gases,
flatulencias y estrellas
y dures poco menos
de treinta años en dar
la vueltita por tu órbita
ambivalente y celestial,
no quiere decir que seas
gordo y perezoso
sino un padre anciano
que cansado está
de dar tantas vueltas
sin que en el oscuro
firmamento se aparezca
una buena y hermosa
hembra que lo saque
de ese gran ayuno
que ha convertido
a su vida en un horrible
y pesado insomnio.
Ya no duerme
y de tanto pensarlo
sus ojos de luna llena
bien abiertos mantiene.
Diecisiete

hijos arrullan tus
noches de plenilunio
y cuidan como gran
padre amado,
aunque tus preferidos
sean Jano, Titán,
Hiperión, Tetis y Telesteo,
no descuides a Encélado
porque da calor a tu sueño
y los libera de malos
pensamientos cuando
enciende la chimenea
de géiser de agua y lava
bien ardiente y fulgurante.
Aunque digan que Titán,
tu hijo y satélite predilecto,
tenga una atmósfera
rica en metano, muy similar
a la de la Tierra primitiva,
eso me huele a rancio ano.
Yo me quedo en mi tierra,
aquí abajo, porque ganas
ninguna tengo de luchar
con dinosaurio alguno
ni en selvas o grutas vivir,
porque en las únicas
cavernas donde me gusta
estar son en las que tienen
las hembras entre las piernas.
¡No es un géiser,
ni agua bendita,
pero calientes están!

LA DE LA CURVILÍNEA FIGURA

Es la amante
incondicional,
la que todo lo da
y nada pide a cambio,
aunque dicen
que su relación
con la Tierra
es incestuosa
ya que son más
que hermanos
pese a que su sol
salga por el oeste
y el de la Tierra
por el este.
Diosa del amor
entre los romanos,
porque siempre
está ardiente
de placer y devora
con excéntrica
fruición
todo lo que pase
por su lado.

Después de tantos
siglos y de estar
dando vueltas
de aquí y allá,
debe estar
algo cansada

porque sus días
son doscientas
cuarenta y tres
veces más largos
que los nuestros
y también sufriendo
de presión arterial,
ya que su atmósfera
es noventa y cuatro veces
superior a la terráquea.
Dicen que se la pasa
maquillando
y haciendo ejercicios,
de spinning y gimnasia,
para siempre verse bella
y curvilínea como
la hermosa Venus que es.
Los puntos de acné
que muestra
en su rostro excelso,
ella los excusa diciendo
que rocas superficiales
apenas son y que, pese
a todo, estará siempre
bien caliente esperando
a su amada Tierra,
la que alberga
a los hombres deseados
y bien queridos.
Aunque *venusiano-a*
y *venéreo-a*
son la misma cosa

porque se refieren
a Venus-Afrodita,
los mal pensados
cristianos
se lo endilgaron
a las enfermedades
dolorosas que vienen
después de tener
sexo y placer
con una prostituta
bien inmunda.
Haciendo caso omiso
a los dimes y diretes,
ella se contornea
y muestra muy oronda
su agraciado porte y galanura
porque se sabe reina
y figura hasta la sepultura.
Es la única
que puede verse
de día y a simple vista
estés en la parte
del mundo donde estés
y la única, en todo
el Sistema Solar,
que lleva nombre
femenino, pese
que por allí andan
dos enanas feas
llamadas Ceres y Eris,
que no tienen nada
que ver con este tinglado.

A los alpinistas,
soñadores y aventureros
los reto y arengo
a que vayan
al Ishtar Terra,
en la meseta norte,
y escalen
una "montañita"
dos kilómetros
más alta que el Everest
para que Venus,
complacida y sensual
los premie con un beso
que se llevarán
a la eternidad.
Los poetas le dicen
Estrella de la mañana.
Otros locos y escritores
Lucero del Alba
y los que andan
un poco más allá,
por la Siberia ancestral,
simplemente
Lucero Vespertino
porque todas las noches
los alumbra y arrulla
con sus encantos femeninos.
Los antiguos mayas
la incluyeron
en su calendario
religioso y la pusieron
en un círculo

con una pequeña
cruz debajo
para simbolizar
el sexo mujeril
y diosa la llamaron.

EN UNA REGIÓN FINITA DEL INFINITO

No soñaba,
mucho menos
estaba despierto.
Sólo vagaba
en los espirales
de mi mente
cuando de pronto
me encontré
en un agujero negro
que está más allá
del fin del mundo.
Escuché gritos
a mí alrededor
pero no sabía
de dónde venían
y qué decían.
Seguí observando
un rato más
en la tenebrosa
inmensidad.
Un ruido infernal
de pronto
atrajo mi atención.
Miré a un lado,
después hacia otro,
y nada. Volví a mirar,
está vez hacia
el sótano de infinito
y vi como un gran
agujero negro

eyectaba potentes
chorros de materia
color ámbar carmesí
que estallaban
en loco remolino
de vida y de muerte.
Puse atención
y aguce los oídos.
Los aullidos venían
de las cavernas
de la oscuridad
más oscura.
Quise escapar
en un instante,
pero algo me detuvo.
Estaba en la curvatura
del espacio-tiempo
y vi varios *horizontes*
de sucesos y yo reflejado
en cada uno de ellos
y en cada etapa de mi vida
hasta el nacimiento.
Era muy hermoso
y de nítido placer
a mis aterrados ojos,
pero quería escapar
porque estaba
en el límite del espacio
y de allí nadie logra huir
siquiera un rayo
de fina y tenue luz.
Di un salto,

después otro
un poco más fuerte
y en un instante
estaba sentado
más allá del centro
de la Vía Láctea,
fuera de todo peligro
y de los tenebrosos
agujeros negros
y sus cuatro dimensiones
geométricas de carga
eléctrica letal.
Me sentía dichoso
y satisfecho.
Había presenciado
en el infinito la muerte
de una *gigante roja*
que en miles de millones
de años se convirtió
en una *enana blanca*
y luego en *agujero negro*
y salí ileso en el intento.
¿Qué cuánto tiempo
estuve allí?... ¡Qué importa!...
La velocidad de la mente
no se mide por los miles
de millones de neuronas
que una persona tenga
en su pequeño cerebro,
sino por la velocidad
de sus pensamientos
y luminosa imaginación.

EL NIDO DE LA VIDA

Una estrella
está muriendo,
una estrella
está naciendo.
¡Viva la vida,
viva la muerte
que da paso
a la vida!
Estoy sentado
en el nido
de la existencia
y en el ocaso
de un lucero.
Estoy solo.
Ni un alma
peregrina
se avecina
al borde
de la vida
y de la muerte.
Me arrellano
como niño
encantado
entre las pajas
del firmamentos
y mis ojos
embrujados
ven como se abre
su vientre
lleno de luz

y colores
para celebrar
la agonía
y el nacimiento
de una nueva
y estrella...
y después otra
más hermosa,
y otra... y otra más
grande y risueña
y otra, más chica
y traviesa.
Después una más.
Una allá y otra acá,
hasta que el infinito
se enciende
en mágico
candor de fuego
interestelar.
Es el nido
de la vida...
Es el ocaso
de la existencia.
¡Ha muerto
una estrella,
pero otra
nacerá
como ángel
luminoso
en la bóveda
negra y celeste.
Una se va,

pero da paso
a otra más linda
y vivaz.

Los viejos
cultores de latín
las llaman
stellae novae,
que en lenguaje
coloquial
y en mi viejo
muladar
quiere decir
estrellas nuevas,
pero con el pasar
del tiempo,
a ciertos alucinados
astrofísicos
y desgreñados
sabihondos
les dio
por llamarlas
Supernovas
porque en postrer
aliento germinan
vida, sistemas
solares y planetas
colosales.
En el juego
de la creación,
de estallidos
y artificios divinos,

nubes incandescentes,
gases y sutil
polvo de estrellas,
tal como semillas
de existencia
esparcen vida
entre los arbustos
del universo.
Juglares, tejedores
de ilusiones
y fabricantes
de sueños
y quimeras de épocas
pretéritas y presentes,
cantan a los cielos
tonadillas, rimas
y canciones,
donde afirman
que polvo de estrella
somos y en polvo
de estiércol
nos convertiremos.

¡Qué obra tan divina!
¡Qué prodigioso encanto
es ver la vida llorando,
ver la vida cantado,
cuando una nueva
estrella ilumina
el cielo en su
primer bostezo
a la alegría

¡Sagrado espectáculo
de luciérnagas
fundidas en el oro
del paraíso celestial!
Con tristeza
y melancolía
me despido.
Dejo el nido.
La danza
de la creación
ha terminado.
Dos semanas
duró el parto
interestelar.
Quedé tan cansado
y embelesado
por su paroxismo
inmaculado
que un hada
madrina
salida del edén
de la esperanza
me vino a rescatar.
Tocó dulcemente
con su varita
el hombro
de mi estrella
preferida
y ella, cansada
y somnolienta,
me llevó a reposar
entre los brazos

de una galaxia
plena de luz
y paz celestial.

EN TUS BRAZOS DORMIRÉ

A la nebulosa de Orión, mi nuevo hogar.

Como nube de gas y polvo
vagas por la inmensidad
de ignotas praderas siderales.
Sin aspaviento y con mucho
movimiento te mueves difusa
al sur del Cinturón de Orión.
Tu brillantez asombra
al cielo nocturno que cobijas
y estremeces al vaivén
de tus misterios ancestrales.
Estás a muchos años
luz de poder alcanzarte
y tocarte con mis manos,
pero algún día lo haré
y los secretos y victorias
de *Ensis*, y la espada
que desde el balcón de mi casa
observo embelesado,
será mi arma salvadora.
Todos buscan develar
los enigmas que con celo
de amante amoroso encierras
en tu vientre bendito
que a cada instante estelar
revela cómo nacen y nacieron
estrellas, supernovas y planetas
paridos en colisión magnífica
y estridente en tu vientre repleto
de nubes, polvo y gas sideral.

Discos protoplanetarios,
enanas marrones que me recuerdan
a los cimarrones salvajes
que una vez cacé en las verdes
estepas de este, mi pequeño planeta
azul, que por ahora es mi hogar
y hogar de más de siete mil millones
de atormentados y confusos humanos
que deambulan de aquí y allá
en busca de dinero y felicidad,
y de más de diez veces más
que esa cifra de seres vivientes
que vagan libres, dichosos
y armoniosos por cielo, mar y tierra.
Ellos, los bípedos humanos,
les dicen animales salvajes.
Su ofuscada vanidad no les hace
percatar que los verdaderos,
malvados y depredadores
animales son, con total y precisa
seguridad, ellos mismos y nadie más.
¡Oh, nebulosa infinita!
¡Oh, *Nube de Orión*!
Fuertes turbulencias arropan
tu vasta llanura y montañas
siderales que constantemente
son agitadas por un perturbador
rocío de luminoso gas multicolor.
Todo danza alrededor de grandes estrellas
que se acercan a ti en busca
de cobijo, calor materno y nido.
¡Oh, *Nube de Orión*!

¡Oh, nebulosa infinita!
Desde mi azotea observo
el hermoso anillo de Barnard
con el cual te desposaste
y convertiste en la gigantesca
nebulosa de Orión y diste a luz
a Mairan, Flama, M78
y *cabeza de caballo*,
tus devotos y adorados hijos.
Al sur de tu cinturón orgullosa
exhibes tu espada de espectro
luminoso y radiante infrarrojo.
Un poco más allá,
al este de donde se fabrican
los sueños y leyendas,
veo al cúmulo del Trapecio
y a varias estrellas fugitivas,
entre ellas a Arietis y Aurigae,
que corren por el espacio
a más de cien kilómetros por segundo,
envidia del arrojado campeón
más campeón de Fórmula 1.
Bosques verdosos, regiones rojas
y túneles azulados con tintes violetas,
veo en la neblina de tu ombligo.
Muchas leyendas se han tejido
alrededor de tu misteriosa vida.
Aunque Plotomeo, Galileo
y los antiguos mayas no te hayan
sabido descifrar en toda tu inmensa
magnitud, y que Claude Fabri de Peiresc
y un viejo jesuita llamado Cysatus

de Lucerna te confundieran
con un brillante cometa,
hasta que al fin llegó Huygen
para bautizarte como M42,
yo, con ignorante orgullo
de un ser que muy poco, o nada sabe,
te confesaré que eres mi favorita
entre todas las extrañezas del firmamento,
porque me has inspirado a ser
más humano y menos prepotente.
¡Oh, Orión!... ¡Oh, nebulosa infinita!
Eres pura energía y vibrante vida.
Algún día alcanzaré tus alas
y en tus brazos dormiré
junto a toda la humanidad y vida presente
o por venir en el cosmos sideral.

LA CORONA DEL REY

Aunque te veas
distante y peligrosa,
cuando consigues
la oportunidad
huyes despavorida
sin meta ni sentido.

Nadie sabe dónde vas,
pero abandonas
la estrella madre
en busca de un mejor
futuro y menos
ardiente vida.

Sé que no sufres
porque en viento
te conviertes.
Cabalgas vagabunda
hasta el ignoto infinito
camuflada
en inmensas
burbujas
o en tormentas
destructoras
que pueden acabar
con auroras terrenas
y colas de cometas.

Sé que a veces lloras
y cuando lo haces

llamaradas de lágrimas
estallan repentinas
del vientre de tu madre.
Tu sollozo es tan inmenso
que sin pedir permiso
podrías acabar con todo
a tu voraz alcance.

Aunque mi Tierra amada
te ataje con su escudo
de sublime amor magnético,
no por eso dejas de causar
inquietud y terror
a los seres de mi planeta
que sin tu calor
y luminosos rayos,
jamás podrían nacer
y vivir en un mundo
tan distante y diferente al tuyo.

EL BRILLANTE CAZADOR
A Orión, el cazador más deslumbrante del universo.

Te encontré cerca del río Eridanus,
junto a tus perros de caza Canis Mayor
y Canis Menor, mientras batallabas
contra la constelación de Tauro.
Bajo el brillo incandescente
de Betelgeuse, la súpergigante roja
que siempre te acompaña
en tus correrías, me uní a tu coto
como fantasma furtivo.
Me emocionó verte erguido,
cual gigante colosal,
con tu garrote de bronce en alto
apuntando a la enorme cabeza
del furioso de Tauro, quien estaba
a punto de embestirte,
mientras en tu mano izquierda
asías el gran escudo de luz y vida.
Nunca vi yelmo tan deslumbrante
sobre cabeza de guerrero alguno
ni espada tan resplandeciente
y afilada como la que colgaba
de tu cinturón de estrellas.
Apoyabas tu pie derecho
sobre el inofensivo conejo
que pacía sereno en los prados
azules de la protectora Rigel.
A lo lejos, muy coqueta,
distinguí a Bellatrix, la indomable
amazonas del cuadrilátero exterior

guiñándole el ojo a Saiph.
Después, muy oronda,
sosteniendo orgullosa y en alto
tu cinturón, vi a la vieja Mintaka,
que a sus 915 años luz
de distancia, lucía espléndida
junto a Alnitak y a Alnilam,
la más brillante y hermosa
estrella jamás conocida por nadie.
Parecían Tres Reyes Magos
o, mejor dicho, las Tres Marías
del divino universo creado
por el Todopoderoso Dios.
Más abajo advertí, un tanto triste,
pero moviéndose en forma
excéntrica, a Hatysa. A su lado
Tabit, la enana amarilla,
Meissa y todas las demás
estrellas de tu corte celestial.
las cuales vestían brillante atuendo.
Lucían esplendidas, como listas
para un baile del espacio señorial.
Los antiguos griegos decían
que naciste de los orines
de los dioses Zeus, Poseidón
y Hermes, después que visitaron
a Hirieo de Tanagra, un anciano
que no podía tener hijos,
pero que con pasión deseaba uno.
En agradecimiento a su hospitalidad
y después de degustar un suculento
buey entero que Hirieo cocinó para ellos,

los dioses le hicieron una promesa
para que su deseo se cumpliese:
orinaron (otros dicen que eyacularon)
sobre la piel del buey que se habían
comido y luego lo enterraron.
Le dijeron que a la décima lunación
lo desenterrara. Cuando Hirieo lo hizo
se encontró con un hermoso y robusto niño,
a quien llamó Urión, *el que orina,*
en gratitud a los orines de los dioses
que lo habían engendrado.
Otros, en cambio, decían
que Orión había violado a Mérope,
hija de Enopión, quien por ello lo dejó ciego.
No obstante, Helios le devolvió la vista
y Orión se convirtió en compañero de caza
de Artemisa y Leto, pero en cruel venganza,
prometió acabar con todo animal
que transitase sobre la Tierra.
Cuando Gea, la madre Tierra, se enteró,
agarró tan soberano disgustó
por la innoble actitud de Orión,
que lo hizo picar por un gigantesco
escorpión que enseguida lo mató.
Y así, las leyendas y los mitos
sobre Orión se multiplican y siguen
y seguirán hasta el último de los días,
aunque la verdad es que nunca dejará
de acosar por siempre a las Pléyades
y presidir el infinito universo
como un invencible y brillante cazador.

LA FÁBRICA DE GASEOSAS

Eres de tan hermoso
azul que muy bien
podrías pertenecer
a la gloriosa e inmortal
squadra azzurra
de los grandes
sueños y titánicas
conquistas.

Galileo fue el primero
en verte y sin saber
te confundió
con una estrella
nocturna que brillaba
cerca de tu querido
hermano Júpiter.

Eres el octavo
de la gran prole
que se mueve
cerca del sol.
Estás tan lejos
que muchos dicen
que vives
en el exterior
como un gigante
gaseoso dueño
del todo y de la nada.

Yo, desde aquí,

te veo embelesado
parado de pie firmes
en las entrañas
que me procrearon,
las cuales aún no
han llegado a la mayoría
de edad porque es
diecisiete veces
menor que tu
en tamaño e igualdad.

Pero eso no importa.
Igual me quieres
e igual te admiro
gigante que te inflaste
de tanto tomar
bebidas gaseosas
esparcidas en el infinito.

Sé que amas
y proteges
como una madre
a tu gemelo Urano,
el padre de Cronos,
al que los antiguos
llamaban Saturno,
y abuelo de Zeus,
a quien los romanos
del imperio de los mil
cuatrocientos
cincuenta años
bautizaron como Júpiter,

El padre de la luz,
su dios principal
y padre de dioses
y de hombres.

Te llamas Neptuno
en honor al dios
romano del mar,
que sus vecinos
griegos conocían
como Poseidón,
pero la realidad
es que serás por siempre
La estrella del rey del mar.

Tienes catorce hijos
a quien amamantar
y a todos, por igual,
los meces a tu alrededor
con ternura maternal.
Pero no sé porqué
motivo y realidad
quieres más a Tritón
que a todos los demás.
¿Será porque algún día
albergará a la lejana
y maltrecha humanidad?
¿Quién sabe?... ¿Tú lo sabes?
Por si acaso, ya tengo
preparada mi gruesa cobija
de esperanza y una manta
térmica que me protege

del frió de la eternidad.

LA BÓVEDA DE LOS SUEÑOS

De día azul celeste,
moteado de blanca espuma.
De noche negro,
salpicado de escarchas
relucientes e ignotas.
¿Cuál será
su color verdadero?...
¿Cuál su inmensidad?

Encierras misterios
y leyendas.
Desde la Tierra se tejen
sueños y quimeras.
Por tu hermosura
dicen que allí mora
el Todopoderoso,
pero dónde…
¿Por qué se oculta
en ese infinito perdido?...
¿Cuándo viene
a rescatarnos?

Se tejen los sueños…
Se tejen las esperanzas
y se seguirán
tejiendo en la eternidad…
Por siempre…
Por siempre…

TRILOGÍA EL PAPIRO

La aventura comienza en…

El papiro

Primera novela de la trilogía El Papiro

EL
PAPIRO
DIEGO FORTUNATO
Editorial
BUENA FORTUNA
Caracas

El Papiro
Sinopsis

Ante el temor de estar en presencia de un Anticristo, monjes de una antigua Misión Capuchina inician la despiadada persecución de un joven predicador que hacía milagros en los barrios donde enseñaba los evangelios. La Santa Sede aprueba la acción porque cree que descubrirá el misterio de un fragmento de Los Papiros del Mar Muerto donde se revelan oscuros secretos. Desde el Vaticano envían a un *Justiciero de Dios*, una especie de sicario de la Iglesia perteneciente a una antigua secta Templaria, con el propósito de asesinarlo. Al ser capturado descubren que de su cóccix pende un largo rabo y en su tetilla izquierda se le desdibujaba un extraño tatuaje escrito en arameo, la misma lengua que hablaba Jesucristo. Enigmas, romances y muertes. Cardenales, obispos y grande jerarcas de la Iglesia ligados a sectores de la Mafia, se ven involucrados en un macabro plan donde hasta las sombras tiemblan.

Continúa en...

LA ESTRELLA
PERDIDA
DIEGO FORTUNATO
Editorial
BUENA FORTUNA
Caracas

La estrella perdida
Segunda novela de la trilogía El Papiro

Sinopsis

Un grupo de arqueólogos descubren en unos viejos papiros el misterio de La Vera Cruz, la cruz de la crucifixión de Cristo, que se hallaba perdida desde su muerte. Los escritos revelaban que los esenios, hermandad de la que formaba parte Jesucristo, la habían llevado y escondido en la cima del enigmático Kukenán, el llamado Tepuy de los Muertos, en la Gran Sabana, al sur de Venezuela. Divor Klaus, un avezado antropólogo y aventurero, parte a buscarla porque los rollos revelaban que se materializaría a las tres de la tarde del Domingo de Resurrección de ese año. La Santa Sede, apoyada por los Dei Pax, un grupo de sicarios al servicio de la Iglesia, va tras su pista, pero se topa con un místico secreto: el nacimiento en la tierra de los Nion, una especie de niños ángeles con poderes celestiales y guardianes de ancestrales misterios divinos. Intrigas y confabulaciones se apoderan del Vaticano y sus más altos prelados, hasta que el día señalado acontece la alineación del Triángulo Divino, suceso que devela nuevas y tenebrosas profecías para la humanidad.

Y finaliza en…

LA VENTANA DE AGUA
Tercera novela de la trilogía El Papiro

Sinopsis

Científicos unen esfuerzos para encontrar el antídoto al letal virus anunciado en La Profecía de la Vera Cruz. Para lograrlo deben desentrañar el misterio de *La ventana de agua*, descrita en la misma profecía. El antropólogo Divor Klaus y otros miembros del *Omne verum*, auxiliados por los Niños Luz o Elegidos de Dios sobre la tierra, una especie de ángeles de nuestros tiempos, comienzan un duro peregrinar tras las pistas que lo conducirán hacia la enigmática Ventana, la cual encierra el secreto y curación de la peor peste jamás sufrida por el hombre. De fracasar en sus intentos, más de tres tercios de la humanidad correrá el peligro de morir en sólo pocos días. La Santa Sede, auxiliados por los *Dei Pax*, el ala armada del Vaticano, busca a toda costa de apoderarse del papiro donde está la mortal profecía porque sospechan que *La Ventana de Agua* también revela el misterio de La Santísima Trinidad. Persecuciones, torturas y muertes sellarán el desconcertante final.

OTRAS NOVELAS DEL AUTOR

LA CIUDAD SUMERGIDA

El último camino

Diego Fortunato

BUENA FORTUNA

LA CIUDAD SUMERGIDA
–El último camino–

Sinopsis

Monjes de un antiguo monasterio hallan viejos manuscritos y un mapa de la época colonial atribuidos a fray Bartolomé de Las Casas, el llamado cronista de Las Indias, donde se revela la existencia de una misteriosa Ciudad de Luz Resplandeciente sumergida en el Golfo de México. Organizan una *Santa Misión* para ir en su búsqueda. Un poderoso cártel de la droga, creyendo que se trataba del mítico El Dorado, contrata a los mejores expertos en exploración submarina para recuperar sus tesoros sin saber que la Interpol y la DEA están tras sus pasos. Sucesos cargados de emoción, intrigas y muertes llevarán a los expedicionarios hasta la Fosa de Sigsbee, el lugar más profundo de las aguas del golfo, donde vivirán los momentos más alucinantes de sus vidas al toparse con *El último camino*.

PIRÁMIDES
DE HIELO
Diego
Fortunato
BUENA FORTUNA

PIRÁMIDES DE HIELO
La revelación

SINOPSIS

Una expedición científica parte a la Antártida con la misión de estudiar los efectos del cambio climático en el agujero de la capa de ozono del Polo Sur, el más grande de la tierra, a fin de salvar al planeta de una inminente extinción. En su camino hacia el Domo Argos, una inexplorada meseta donde la temperatura desciende a menos noventa y tres grados centígrados, un meteorito de apocalípticas proporciones se estrella en el desierto blanco causando terremotos, tsunamis y devastación en muchas ciudades del mundo. Los aventureros van en busca del cráter de impacto. En su avance se topan con alucinantes fenómenos, pero decididos siguen adelante hasta que descubren tres colosales pirámides de hielo y un reluciente puente de escarchada nieve que los conduce hasta la Tabla de las Revelaciones. Suspenso teñido de realismo fantástico y una inolvidable aventura que se calcará en sus pupilas hasta el día final, espera a los ansiosos viajeros.

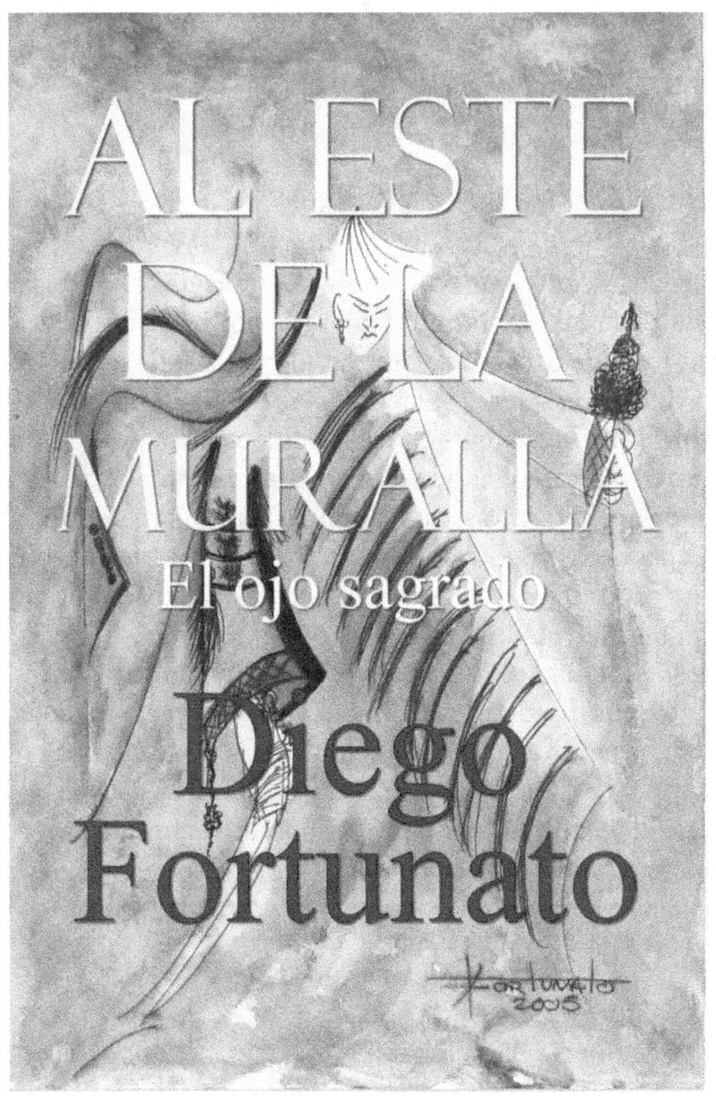

AL ESTE
DE LA
MURALLA
El ojo sagrado
Diego
Fortunato

AL ESTE DE LA MURALLA
–El ojo sagrado–

Sinopsis

Dick Lance y un grupo de arqueólogos se aventuran en una expedición hacia la cordillera del Tian Shan, las *Montañas celestes de los espíritus*, en busca de una cueva donde apunta el misterioso rayo descrito en un antiguo mapa de la Dinastía Qin que compró en un mercado mongol. Simultáneamente, astrónomos del observatorio Monte Palomar creen estar ante el descubrimiento del siglo al notar en imágenes enviadas por los telescopios espaciales Hale y Hubble una enigmática radiación que proyecta la Nebulosa Hélix, el llamado *Ojo de Dios*, en dirección a la Tierra. Una misión científica secreta china, también alertada por sus satélites, viaja bajo fuerte custodia militar hacia la región del Xinjiang, el lejano oeste de China, en busca del lugar que señala la poderosa luz. Suspenso cargado de aventuras, muertes, acción y sensacionales revelaciones conducirán a los aventureros hacia El ojo sagrado.

SOBRE DEL AUTOR

Diego Fortunato, escritor, poeta, periodista y pintor italiano nacido en Pescara (Italia). Desde su más tierna infancia vive en Venezuela, su tierra adoptiva, país donde se trasladaron sus padres al huir de los rigores y devastación que dejó la Segunda Guerra Mundial en Europa. Cursó estudios académicos que van desde teatro, en la Escuela de Teatro Lily Álvarez Sierra de Caracas, pintura, leyes en la Facultad de Derecho y periodismo en la entonces llamada Escuela de Periodismo de la Universidad Central de Venezuela. Desde temprana edad fue seducido por las artes plásticas y la literatura gracias a la pasión y esmero de su madre, ávida lectora y pintora aficionada. Sus novelas, teñidas de aventura, acción y suspenso, logran atrapar en un instante la atención del lector. Sus poesías, salpicadas de delicada belleza, están tejidas de mágicas metáforas. La pintura merece capítulo aparte. En sus cuadros, de impactantes contrastes cromáticos y a veces de sutiles y delicadas aguadas, Fortunato establece sorprendentes diálogos con la luz y las sombras, como en el caso de sus series *Mujeres de piel de sombra* y *La femme en ocre*. La mayoría de las portadas de sus libros están ilustradas con sus obras pictóricas.

ALGUNAS OBRAS

Novelas: La Conexión (2001). La Montaña-Diario de un desesperado (2002). Url, El Señor de las Montañas (2003). El papiro (2004). La estrella perdida (El Papiro II-2008). La ventana de agua (El Papiro III-2009). Atrapen al sueño (2012). La espina del camaleón (2014). 33-La profecía (2015). Pirámides de hielo-La revelación (2015). Al este de la muralla-El ojo sagrado (2016). La ciudad sumergida-El último camino (2017). Borneo-El lago de cristal (2019). El origen-Camino al Edén (2020). La palabra (2021).- **Cuentos**: En las profundidades del miedo (1969). Dunas en el cielo (2018). Conciencia (2018).- **Dramaturgia**: Franco Súperstar (1988), Diego Fortunato-Víctor J. Rodríguez. **Ensayos**: Evangelios Sotroc (2009). Pensamientos y Sentimientos (2005). **Poemarios**: Brindis al Dolor (1971). Cuando las Tardes se Tiñen de Aburrimiento (1994). Lágrimas en el cielo (1996). Hojas de abril (1998). El riel de la esperanza (2002). Caricias al Tiempo (2006). Acordes de Vida (2007). Poemas sin clasificar (2008). Palabras al viento (2010). El vuelo (2011). El sueño del peregrino (2016). Sueños de silencio (2018).

Contacto© Diego Fortunato

diegofortunato2002@gmail.com

diegofortunato2002@yahoo.es

@DivorKlaus